AF182846

RÉDUCTION
DE RÉDEMPTION

PARODIE EN QUATRE PORTIONS

DONT UN PROLOGUE INUTILE A L'ACTION

PAR

MM. E. GRANGÉ, DELACOUR et L. THIBOUST

Représentée pour la première fois, à Paris, sur le théâtre du PALAIS-ROYAL,
le 3 novembre 1860.

PARIS

MICHEL LÉVY FRÈRES, LIBRAIRES-ÉDITEURS

RUE VIVIENNE, 2 BIS

1860

Distribution de la pièce.

MORICAUD.......................... MM. Brasseur.
JEANNOT, dit LE VICOMTE........... Hyacinthe.
GATÉUS, marchand de mort-aux-rats.... Perez.
PRIEUR, commissionnaire au Mont-de-Piété. Luguet.
CHESTER, domestique anglais........... Lassouche.
CHOCNOSOF, domestique russe........... Fizelier.
OSTEBAL, domestique français........... Felicien.
MARJOLAINE .... Mmes Schneider.
BÉBÈTE, son amie.................... Ducellier.
TATA, petite fille de 4 ans............. Thierret.
LA PORTIÈRE....................... Delille.

RÉDUCTION
DE RÉDEMPTION

PREMIER TABLEAU. — PROLOGUE.

Un cabinet de marchand de vins. — Une table sur laquelle brûle
une chandelle.

SCÈNE PREMIÈRE.

MORICAUD, JEANNOT, LE GARÇON.

(Au lever du rideau, Moricaud et Jeannot sont à table. Chacun d'eux a devant
lui un morceau de pain et du fromage.)

LE GARÇON, très-triste.
Ces messieurs ne désirent plus de fromage ?
MORICAUD, de même.
Merci.

JEANNOT, de même.
Assez de gruyère ! (Le garçon sort. Moricaud et Jeannot mangent tres-
tristement, puis restent pensifs.)
MORICAUD.
Pauv' femme !

JEANNOT.
Pauv' défunte !.. (Ils s'essuient les yeux avec leurs serviettes.)
MORICAUD.
C'était notre tante...

JEANNOT.
Nous étions ses neveux. (Il verse à boire à Moricaud. Après avoir
bu.) Dites donc, cousin, c'est bête de nous attrister comme
ça...

MORICAUD, très-gai.
Je ne suis pas triste du tout.
JEANNOT, de même.
Moi non plus... je me sens tout guilleret... (Se présentant au

public.) Jeannot, dit le Vicomte, à cause de mon exquise dis-
tinction.

MORICAUD, de même.

Maurice, dit Moricaud, à cause de ma nuance.

JEANNOT, de même.

Garçon boucher, première catégorie.

MORICAUD, de même.

Culotteur de pipes, seconde catégorie... Et allez donc!!...

Air de *Saltarello*.

MORICAUD.
Nous avons perdu notre tante...
JEANNOT.
Petite vieille à cheveux blancs...
MORICAUD.
Elle avait cent écus de rente...
JEANNOT.
Et nous sommes ses seuls parents...
MORICAUD.
A qui reviendra l'héritage ?
JEANNOT.
Qui de nous palpera le sac ?
MORICAUD.
Je crains un léger tripotage...
JEANNOT.
Moi, je flaire un petit mic-mac.
MORICAUD.
J'ai peur qu'elle me déshérite...
JEANNOT, au public.
N'en soyez pas trop étonnés,
Car je dois vous dire bien vite
Que ma tante l'avait dans l' nez.
MORICAUD.
Dam ! si j'étais un pas grand' chose,
J' pourrais m'enrichir promptement.
Faut vous dire qu'on me propose
De mettre au feu le testament. .

JEANNOT, l'interrompant. Parlé.

Oh ! ne racontons pas ça !... Arrêtons-nous !

MORICAUD.

Soit !

JEANNOT, reprenant le chant.
Tout ce prologue est inutile ;
Mais il fallait nous conformer
Au prologue du vaudeville,
Que l'on devrait bien supprimer.
MORICAUD.
Pour que vous puissiez, sans fatigue,
Suivre notre pièce ce soir,

Et, pour bien comprendre l'intrigue,
Voilà ce qu'il vous faut savoir :
>JEANNOT, se désignant.
C'est à Bibi qu'est l'héritage.
>MORICAUD.
Mais il m'offre de partager,
Je refuse... Tout bas je rage,
Mais sans avoir l'air de rager.
>JEANNOT.
Nous nous jurons amitié franche,   .
Et, comme je suis bon garçon,
Moi, je lui donne carte blanche,
Pour m' flanquer plus tard un savon.

>MORICAUD, parlé.

Noble cœur !

>JEANNOT, parlé.

Belle âme ! (Ils se jettent dans les bras l'un de l'autre, s'embrassent et
sortent en dansant sur la reprise.)

>ENSEMBLE.

Nous avons perdu notre tante,
Petite vieille à cheveux blancs ;
Elle avait cent écus de rente,
Et nous sommes ses seuls parents !
(Ils sortent en dansant.)

LE GARÇON, rentre, enlève la table, et sort en reprenant l'ensemble.

Paraît qu'ils ont perdu leur tante,
Petite vieille à cheveux blancs !
Elle avait cent écus de rente,
Et c'étaient là ses seuls parents.

(Le décor change.)

DEUXIÈME TABLEAU.

Le théâtre représente une place publique. — A droite, une porte
à guichet, avec un écriteau sur lequel on lit : GATÉUS, *marchand
de mort-aux-rats.* — A gauche, une maison ; au-dessus de la
porte, une lanterne éclairée, sur laquelle on lit : PRIEUR, *commissionnaire au Mont-de-Piété.* — Un banc à droite. — Il fait
nuit.

SCÈNE PREMIÈRE.
MORICAUD, puis MARJOLAINE.

MORICAUD, sortant du Mont-de-Piété.

Attendons ! (Il s'appuie contre la muraille, près de la porte, et reste les
bras croisés. Marjolaine entre par le fond, à gauche, un paquet à la main ; son
voile est baissé. Elle regarde autour d'elle, et se dirige vers le Mont-de-Piété.
Moricaud fait un pas vers elle.)

MORICAUD.

Le bureau est fermé, madame.

MARJOLAINE.

Impossible ! il n'est pas neuf heures...

MORICAUD.

Le commissionnaire est au bain... Mais il va bientôt rentrer.

MARJOLAINE.

Merci... j'attendrai. . (Elle s'assied sur le banc. Moricaud l'observe en tournant autour d'elle, et vient à gauche.)

MORICAUD.

Mon Dieu, madame... il est déjà tard... Et si vous vouliez...

MARJOLAINE, l'interrompant.

Insolent !... polisson !... paltoquet !... pour qui me prenez-vous ?... Passez votre chemin !... (Criant plus fort,) Passez votre chemin !...

MORICAUD.

Ah ! bien ! Ne criez donc pas tant avant de savoir...

MARJOLAINE, à part.

Tiens !... il est gentil !... (Haut et avec une voix douce.) Que voulez-vous, jeune homme ?... qu'y a-t-il pour votre service ?

MORICAUD, tirant sa montre.

J'apportais cette montre à M. Prieur, desservant cet établissement de piété... et je voulais vous demander de joindre... mon offrande à la vôtre...

MARJOLAINE, la prenant.

Mazette !... une montre en or !... Mais...

MORICAUD.

On vous prêtera plus qu'à moi... (Il la salue respectueusement.)

MARJOLAINE.

Ne puis-je savoir au moins ?...

MORICAUD, s'arrêtant.

Quoi ?

MARJOLAINE.

Rien.

MORICAUD.

Ce n'était pas la peine de m'arrêter.... (Voyant entrer Prieur.) Voilà M. Prieur. (Il s'éloigne.)

SCÈNE II.

MARJOLAINE, PRIEUR.

(Prieur entre, enveloppé dans un grand peignoir blanc. Il a la tête vénérable de M. Sainte-Marie, du Vaudeville.)

MARJOLAINE, l'arrêtant par son peignoir.

Pardon, monsieur !...

PRIEUR.

Je suis pressé, mon enfant, je sors du bain... vous voyez...
(Il indique son peignoir.) Je suis en transpiration.

MARJOLAINE.

Écoutez toujours... (Elle le fait asseoir sur le banc.) Je vous apporte une robe de soie...

PRIEUR.

De la soie !... à votre âge ?...

MARJOLAINE, relevant son voile.

Regardez !... je suis la Marjolaine du théâtre national des Funambules.

PRIEUR.

C'est différent. (Il prend le paquet et examine.) La robe est usée... trois francs.

MARJOLAINE.

C'est maigre !

PRIEUR, tirant un porte-monnaie de son caleçon.

Voilà !.. Comptez sur ma reconnaissance... je vous l'enverrai ce soir.

MARJOLAINE, qui s'est levée.

Ah ! j'ai aussi à vous remettre une montre en or... de la part d'un inconnu... que je ne connais pas... mais que je voudrais connaître... (Se fouillant.) Qu'en ai-je fait?... N'importe!... voici la mienne... en argent.

PRIEUR, l'examinant.

Le grand ressort est cassé !... c'est trois francs encore !...

MARJOLAINE.

C'est maigre !

PRIEUR.

Vous jouez ce soir une pantomime nouvelle ?

MARJOLAINE.

Vous lisez donc les affiches ?

PRIEUR.

Non... je reçois *l'Entr'acte*. On y parle souvent de vous... Marjolaine, vous aimez trop la vie de polichinelle.

MARJOLAINE.

Oh ! de la morale ?... Flûte !

PRIEUR.

Flûte, tant que vous voudrez !... Je parie que vous êtes venue à pied...

MARJOLAINE.

L'omnibus était complet... et, à moins de monter sur l'impériale...

PRIEUR.

Voyez-vous... j'ai deviné.

MARJOLAINE.

La belle malice !... (Prieur se met à repasser un rasoir sur un cuir.) Qu'est-ce que vous faites donc là ?

PRIEUR.

Vous voyez, j'entre en fonctions.

Air :

Je suis raseur (*bis*),
Et j'apparais à chaque drame ;
Ce soir, je suis supérieur,
Je repasse ma grande lame.
Je suis raseur...

MARJOLAINE.

Il est raseur !..
Dieu ! quel raseur
Que ce Prieur !

PRIEUR.

Marjolaine... je vais vous dire une chose qui va vous épa-
ter... Vous vous ennuyez...

MARJOLAINE.

Ah ! elle est forte, celle-là !... M'ennuyer, moi ?... Ah !
l'on voit bien que vous ne me connaissez pas !

Air : *Boléro de Monpou.*

Je suis la belle Marjolaine,
A mon char j'enchaîne
Les jeux et les ris.
Je suis la belle Marjolaine,
L'idole et la reine
Des joyeux titis !
A moi l'existence bohème !
A moi la gaieté, la chanson !
La folie est ma loi suprême,
Le plaisir est mon échanson.
Les galants encombrent ma porte,
Chacun d'eux m'apporte
Bouquets et bijoux ;
On me chante, on me versifie ;
Ma photographie
Se vend des prix fous.
Pour me mener chez Grosse-Tête,
On s'arrache mon bras, au bal ;
Enfin mes jours sont une fête,
Et mes nuits un long carnaval.
Je suis la belle Marjolaine ;
A mon char j'enchaîne
Les jeux et les ris.
Je suis la belle Marjolaine,
L'idole et la reine
Des joyeux titis !

PRIEUR.

Ça ne fait rien, j'en suis pour ce que j'ai dit... Vous vous
ennuyez...

MARJOLAINE.

Eh bien... oui !... je m'ennuie... Oh ! mais là, carrément.
Dites-moi pourquoi ?...

PRIEUR.

Écoutez... Marjolaine : tant va la cruche à l'eau...

MARJOLAINE.

Permettez... pas de personnalités...

PRIEUR.

C'est un proverbe... Je continue : on se lasse de tout, Marjolaine... des Funambules... comme de la Maison-d'Or. Il y a, dans la vie de ceux qui font la noce, un bien fichu moment... c'est celui où le dégoût les prend, où l'appétit leur manque... Alors, Marjolaine, le potage à la bisque, le homard sauce-moutarde... le poulet à la diable... l'écrevisse même... l'écrevisse bordelaise, leur semblent fades et sans saveur... le poivre rouge ne pique plus la langue... A ce moment suprême, les uns se mettent à cascader de plus belle... les autres sentent de nouvelles aspirations... de vagues désirs de potage au gras et de bœuf nature... C'est l'heure où les fricoteurs et les cabrioleuses rôdent furtivement autour du pot-au-feu du ménage... n'osant l'approcher, mais le flairant de loin, et se disant : (Il renifle.) Tiens, ça sent bon !... C'est l'heure où les cabotines, dépouillant leurs frusques de soie, viennent à pied... dans la crotte... apporter leur défroque au clou... (Il indique le Mont-de-Piété.)

MARJOLAINE.

Je ne crois pas au pot-au-feu.

PRIEUR.

Vous y croirez...

MARJOLAINE.

Jamais !...

PRIEUR.

Vous y croirez le jour où vous serez réellement pincée...

MARJOLAINE.

Pincée... moi?... Ah ! je t'en fiche !...

PRIEUR.

Vous le serez... comme les autres... et, ce jour-là, plus de soupers, plus de bal, plus de piston, plus d'écrevisses !... Vous vous lèverez de bonne heure, et, votre cabas sous le bras, vous irez chez la fruitière du coin acheter vous-même vos choux et vos carottes...

MARJOLAINE.

Acheter des carottes par amour, moi?... des navets !

PRIEUR.

Je m'y connais... je suis un vieux malin...

MARJOLAINE, avec conviction.

Monsieur Prieur... celui qui pourra se vanter de m'avoir rendue rêveuse... celui-là sera un rude lapin!...

PRIEUR.

Lapin, soit... ce sera le lapin de la Providence... mais ce sera comme ça...

MARJOLAINE.

As-tu fini !... Bonsoir !...

PRIEUR.

Bonsoir !... Brrr !... je gèle... je couve un coriza... Allons
nous chauffer au foyer... domestique. (Éternuant.) Atchum !...
(Il entre à droite.)

MARJOLAINE, à part, regardant autour d'elle.

M'a-t-il assez rasée !... Tiens ! où est donc passé le petit ?
(Elle sort par la gauche. — Musique à l'orchestre, annonçant l'arrivée de
Gatéus. Gatéus entre par la gauche ; il porte une petite boîte suspendue au
côté, et à la main un grand bâton avec une enseigne où on lit : « Guerre à
mort ! pas de prisonniers ! »)

SCÈNE III.

GATÉUS, puis MARJOLAINE.

GATÉUS. Il vient à pas lents jusqu'au trou du souffleur, regarde le public et
s'écrie :

Pouah !... ça sent mauvais !... C'est mon enseigne... (Il va
déposer son bâton dans un coin, à droite.) Respirons l'air pur un
moment...

MARJOLAINE, rentrant par la droite.

Allons acheter du poison... (Elle frappe à la porte de Gatéus.)

GATÉUS.

Par ici, la petite mère !

MARJOLAINE.

Vous êtes Gatéus... le marchand de mort-aux-rats ?

GATÉUS.

Lui-même... Ah ! ah ! c'est toi, ma cocotte ?...

MARJOLAINE.

Vous me connaissez ?

GATÉUS.

Si je te connais, friponne ?... Je connais toutes les drôlesses
de Paris... Eh ! eh !... je n'ai pas toujours été vieux... Autre-
fois, j'étais journaliste... je m'appelais Desgenais, sapristi !...
Plus tard, j'ai élevé des ténors sous le nom de Carnioli...
Rappelle-toi Dalila... Corpo di Baccho !...

MARJOLAINE.

Ah bah !... c'était vous ?... Parole d'honneur, je ne vous
aurais pas reconnu... Vous étiez gai, amusant, spirituel...

GATÉUS.

Aujourd'hui... ça n'est plus ça... j'ai de la barbe... une
grande barbe blanche... avec un grand bâton... Pouah ! que
ça sent mauvais ! ..

MARJOLAINE.

Le fait est que ça ne sent pas bon...

GATÉUS, se bouchant le nez. Il va prendre son bâton et le porte dans le coin de gauche.

Tu vois... «Guerre à mort!... pas de prisonniers!... » C'est ma devise!...

MARJOLAINE, se bouchant aussi le nez.

Et vous vendez de l'arsenic?

GATÉUS, même jeu.

De la mort-aux-rats, s'il te plaît!...

MARJOLAINE, même jeu.

Donnez-m'en pour deux sous .. (Ils cessent de se boucher le nez.)

GATÉUS.

Eh ! eh ! nous avons donc des rongeurs dans notre chambrette ?

MARJOLAINE, pensive.

Ce n'est pas dans ma chambrette que sont les rongeurs, c'est dans mon cœur. (Du ton le plus naturel.) Enfin, quoi!... je m'embête!... (Rêveuse.) Oui... je suis ennuyée... Gatéus... Que pensez-vous de l'existence... pot-au-feu?...

GATÉUS.

Oh ! le pot-au-feu!... excellente affaire!... mais il faut quelque chose avec... un perdreau truffé, par exemple... et la fine bouteille de bordeaux ..

MARJOLAINE.

Vous êtes porté sur votre bouche?..

GATÉUS.

Énormément!... Quand je passe dans la rue, on m'appelle goinfre, glouton, gouillafre... Mais si tu savais comme je m'en fiche.

MARJOLAINE.

Ça vous est égal ?

GATÉUS.

Complétement!... On me méprise... mais je m'en moque... Vois-tu, ma cocotte, il n'y a que deux choses au monde... la science et l'or... J'ai chez moi des tonnes d'or. Pour moi, la science, c'est la mort aux rats... L'or, ce sont les pièces de dix centimes. Oh ! la mort aux rats... quelle force elle me donne !... Comme je suis puissant !... Avoir des souris, et n'avoir pas de mort-aux-rats!... quel supplice!... on est rongé... on ne dort plus!... *Cives non dormire possunt in urbe.* — C'est à se faire passer le goût du pain... c'est à se jeter dans la mer!... Oh! la mer!... *Poluflosboïo talassès...* Eh bien, moi, j'ai de la mort-aux-rats, j'ai dans cette boîte le repos des ménages... le sommeil des familles, la joie et le bonheur des enfants, la tranquillité des parents... je tiens dans ma main l'existence de plusieurs millions de petits êtres... ***Vitam parvularum bestiarum in manibus teneo...***

(S'animant.) Si je le veux, je puis anéantir en un jour tout ce qu'il y a de rats dans Paris... Or, plus de rats, plus de chats... plus de vieilles femmes... Comprends-tu?... Paris sans rats!... Paris sans chats! Paris sans vieilles femmes! tout cela, grâce à moi!... Oh! je suis puissant!... Oh! la mort-aux-rats!... la mort-aux-rats! et allez-y, et allons donc, et prenez-en, prenez-en donc, et dig, et dig, din don! (Changeant de ton.) Tu en veux pour dix centimes?

MARJOLAINE.

S. V. P.!

GATÉUS.

J'en ai précisément de toute fraîche. (Prenant dans sa boîte une souris blanche, qui court sur une planchette, jouet d'enfant qu'on trouve partout.) Ici, Mimi... ici, Belotte...

MARJOLAINE.

Oh! vous n'allez pas l'essayer sur cette petite bête?...

GATÉUS, faisant courir la souris.

Belotte m'est chère... Voilà quinze jours qu'elle grignotte mon pain...

MARJOLAINE.

Comme elle est gentille!... Ne lui faites pas de mal!...

GATÉUS.

Belotte, m'est chère... (Il lui donne de la mort-aux-rats. Grincement comique à l'orchestre.) Couic! ça y est!

MARJOLAINE.

Vieux seringuinos, va!

GATÉUS.

Je la ferai empailler... (Remettant un petit paquet à Marjolaine.) En voilà pour dix centimes...

MARJOLAINE.

Merci!... Adieu! vieil abruti! (Elle sort.)

GATÉUS.

Adieu, mignonne!... (Musique à l'orchestre jusqu'à la fin.)

SCÈNE IV.

GATÉUS, MORICAUD.

MORICAUD, qui a regardé sortir Marjolaine, se précipitant vers Gatéus.
Gatéus, vous connaissez cette femme?

GATÉUS.

C'est la Marjolaine des Funambules!

MORICAUD.

Et vous lui avez vendu de la mort-aux-rats?

GATÉUS.

Sans doute !

MORICAUD.

Malheureux !... Elle se tuera !

GATÉUS, allant prendre son bâton.

Ah, ouiche!

MORICAUD.

Elle se tuera!... Cette femme a des soucis.

GATÉUS.

Laisse donc... Elle a des souris, voilà tout!... (Son bâton sur l'épaule.) Pouah ! que ça sent mauvais! (Il rentre chez lui, suivi de Moricaud. — Le décor change.)

TROISIÈME TABLEAU

UNE LOGE DE PORTIÈRE.

—

SCÈNE PREMIÈRE.

OSTEBAL, CHESTER, CHOCNOSOF, LA PORTIÈRE, puis MARJOLAINE.

OSTEBAL, CHESTER ET CHOCNOSOF, entrant par le fond, et tenant chacun un bouquet.

ENSEMBLE.

Air connu.

Nous venons,
Nous accourons,
Compagnons de la Marjolaine,
Pour l'attendre à son retour
En ce séjour!

OSTEBAL, criant.

Eh! la portière !

CHESTER.

Médème le concierge !

CHOCNOSOF.

A c'tte loge donc!... à c'tte loge!...

LA PORTIÈRE, entrant par le côté.

Eh bien, qu'est-ce que c'est ?... Qui que vous demandez?

OSTEBAL.

La Marjolaine, parbleu !

CHOCNOSOF.

La Marjolaine, par saint Nicolas !

CHESTER.

Oh ! yès ! very-well !... Le Marjolaine, tout de suite !

LA PORTIÈRE.

Elle n'est pas encore rentrée du théâtre.

TOUS.

Pas encore rentrée !... Oh !...

LA PORTIÈRE.

A preuve que v'là sa clef et son bougeoir.

TOUS, sur l'air des lampions.

Marjolaine !... Marjolaine !... Marjolaine !...

MARJOLAINE, entrant.

Me voici, messieurs, me voici !

CHESTER.

Oh !

OSTEBAL ET CHOCNOSOF.

C'est elle !

MARJOLAINE, allant de l'un à l'autre.

Ostebal... Chocnosof... Chester... tous mes adorateurs des
avant-scènes. Bonsoir, messieurs et milord... Vous m'apportez
des bouquets ?

CHESTER.

Oh ! yès... des bouquets très-jolis.

MARJOLAINE, regardant celui de Chester.

Ah ! la belle fleur !... Qu'est-ce que c'est ?... Du chiendent !

CHESTER.

Yès... du chiendent de Chine... avec son récine.

MARJOLAINE, retournant le bouquet.

C'est vrai ! la racine y est... A la racine, on reconnaît la
souche.

CHESTER, riant.

Oh ! très-bien !... très-bien !...

MARJOLAINE.

Mais, à propos, et le vicomte ?

OSTEBAL.

Jeannot ?

MARJOLAINE.

Comment, pas encore ici ?... Pas, pas la moindre violette ?
C'est d'une impolitesse !.. (On entend du bruit dehors.) Hein ?

TOUS.

Qui vient là ?

SCÈNE II.

LES MÊMES, JEANNOT.

JEANNOT, entrant par le fond, et parlant à la cantonade.
Tu entends, annexé?... Mets en partout, tout partout.
MARJOLAINE.
Ah! vous voilà, enfin!
JEANNOT.
Oui, c'est moi, ma *déiese*... avec mon bouquet.
MARJOLAINE.
Votre bouquet!... Où ça?
JEANNOT.
Dans la cour... Une idée à moi, pour vous faire la mienne...
de cour.
MARJOLAINE.
Comment?
JEANNOT.
Le pavé était humide... vous auriez maculé vos bottines en
montant chez vous... Alors, j'ai appelé un savoyard, et j'ai
fait jeter de la paille.
TOUS.
De la paille?
JEANNOT.
Le sol en est jonché.
MARJOLAINE.
Fichtre! on voit que vous avez du foin dans vos bottes.
JEANNOT.
Toute ma paillasse y a passé!

Air : *Bouton de rose.*

De ma paillasse
J'ai fait hommage à vos appas;
N'ayant pas d' fleurs, je les remplace,
Et j' fais un parterre sous vos pas
De ma paillasse.

MARJOLAINE
Ah ! c'est d'un galant... d'un délicat !...
JEANNOT.
Oui, je crois que c'est une invention un peu chic!
CHESTER, à part.
Je étais vexé de son paille.
MARJOLAINE.
Messieurs, n'oublions pas que nous faisons ce soir ré-
veillon...

CHESTER.

Oh! yès, ce était après souper que vous devez faire votre choix entre nous.

JEANNOT.

Car vous avez promis d'opter dans la nuit de Noël.

MARJOLAINE.

Ne pourrions-nous remettre la chose à Pâques... ou à la Trinité ?

JEANNOT.

Oh! non, non!... je m'en méfie... La Trinité se passe et...

MARJOLAINE.

Eh bien, soit! à ce soir !

LA PORTIÈRE, revenant.

Une lettre pour M. Jeannot.

JEANNOT, la prenant.

Une lettre ?

LA PORTIÈRE.

Le *porc* est payé.

MARJOLAINE.

Messieurs et milord, allez acheter les comestibles... Pendant ce temps, j'ai deux mots à dire au vicomte.

MARJOLAINE.

Air de Tromb-al-Cazar.

A l'instant, pour la fête,
Que chacun se mette en frais!
Du boudin, du vin frais,
Eh! turlurette !
Tin, tin, tin!
Vive un gai festin
Avec du boudin !
Tin, tin, tin !
Vive le boudin
Avec du bon vin !
Pif, paf! (*bis*) la joie est complète!
Pif, paf! (*bis*) le verre en main,
Vive le bou, bou, bou, bou, le din, din, le boudin !
Le cham, cham, le ber, ber, ber, le tin, tin, l' chambertin!
Le boudin,
Le bon vin! (**4** *fois*)
En chantant un refrain,
Le verre en main,
Que l'on se mette,
A la fin,
Du festin
En goguette!

REPRISE DE L'ENSEMBLE.

(Chester, Chocnosof et Ostebal sortent par le fond en dansant. — La portière rentre à droite.)

SCÈNE III.

JEANNOT, MARJOLAINE.

JEANNOT, décachetant sa lettre.

Tiens!... c'est de Moricaud!... (Il lit bas.)

MARJOLAINE.

Eh bien, vous êtes poli!... vous lisez votre courrier au lieu de vous occuper de moi?

JEANNOT.

Pardon... je...

MARJOLAINE.

Qu'est-ce que c'est que cette lettre-là?

JEANNOT.

Oh! rien... rien de rien...

MARJOLAINE.

C'est une *fâme* qui vous écrit?

JEANNOT, avec joie.

De la jalousie?... Serais-tu jalouse, ô Marjolaine?...

MARJOLAINE.

Jalouse!... moi?... Quelle bêtise!... Voyons, lisez-moi ça?

JEANNOT.

Mais ça n'est rien... des affaires de famille... un cousin qui me demande un rendez-vous.

MARJOLAINE.

Un rendez-vous?... où?... quand?...

JEANNOT.

Ce soir à onze heures... au coin de la rue.

MARJOLAINE.

Dans la rue... par le froid qu'il fait?... Il va s'enrhumer ce garçon... il faut le faire entrer.

JEANNOT.

Comment!... vous voulez?...

MARJOLAINE.

Histoire de lui éviter une coqueluche... (Appelant.) Eh! mère Lamadou!...

LA PORTIÈRE, entrant.

Quoi qu'y quia?

MARJOLAINE.

Allez dire à un jeune homme qui fait le pied de grue à la porte de venir ici.

LA PORTIÈRE.

Un jeune homme? Comment qu'y s'appelle?

JEANNOT.

Moricaud.

MARJOLAINE.

Joli nom! (A la portière.) Allez. (La portière sort.)

JEANNOT.

Mais s'il a à me parler entre quatre-z-yeux...

MARJOLAINE.

Eh bien, après ?

JEANNOT.

Votre présence va l'interloquer.

MARJOLAINE.

Il ne me verra pas.

JEANNOT.

Comment ça ?

MARJOLAINE.

Aidez-moi à ouvrir ce paravent.

JEANNOT, le dépliant.

Ah bah ! vous voulez vous mettre derrière ce paravent au-
paravant !

MARJOLAINE.

Parbleu !

JEANNOT.

Mais... permettez...

MARJOLAINE.

C'est lui !... Jasez ensemble de vos petites affaires... moi je
vais me maquiller. (Elle se met derrière le paravent.)

LA PORTIÈRE, en dehors.

Par ici, jeune homme !... Entrez !

SCÈNE IV.

MARJOLAINE, derrière le paravent, JEANNOT, MORICAUD.

MORICAUD, entrant.

Comment ! dans cette loge ?

JEANNOT.

Moricaud !

MORICAUD.

Jeannot ! (Ils se jettent dans les bras l'un de l'autre.)

ENSEMBLE.

Air : *Beaux jours de notre enfance.*

O beau jour du prologue,
Te voilà (*bis*) revenu !
De notre dialogue
Reprenons le fil interrompu.

JEANNOT.

Ce cher cousin... y a-t-il longtemps que je ne t'ai étreint.

MORICAUD, d'un air sombre.

Pas depuis la dernière fois.

JEANNOT.

Vraiment?... Je croyais qu'il y avait plus longtemps que ça!... Mais, qu'as-tu donc? Cet air refrogné... Est-ce que tu serais à la côte?... Parle... ma fortune est à toi... J'ai 3 francs à ton service.

MORICAUD.

Merci, je n'ai besoin de rien.

MARJOLAINE, à part, se mettant de la poudre de riz devant une glace.

Où donc ai-je entendu ce baryton?...

JEANNOT.

Voyons, tu as quelque chose qui te tracasse?

MORICAUD, lui prenant la main.

Jeannot, je crois, par mon dévouement, avoir acquis le droit de te dire des injures?

JEANNOT.

Comment donc! va ton train, ne te gêne pas.

MORICAUD.

J'ai ouï dire que tu faisais ce soir réveillon.

JEANNOT, gaiement.

C'est vrai...je réveillonne... chez une femme charmante!

MORICAUD.

La Marjolaine?... Malheureux!... Sais-tu ce que c'est que la Marjolaine?

MARJOLAINE, à part.

Hein?

JEANNOT.

Mais, dame!... c'est... Tu la connais?

MORICAUD.

De vue... de réputation seulement... Elle est affreuse!

JEANNOT.

La Marjolaine?... Mais, du tout!

MORICAUD.

Je parle de sa réputation.

MARJOLAINE, à part.

Où donc ai-je entendu ce baryton?

MORICAUD.

Elle doit choisir entre ses adorateurs à ce balthazar... Et c'est toi qu'elle choisira... Non parce que tu es le plus riche, non parce que tu es le plus beau... mais parce que tu es le plus bête.

JEANNOT, vexé.

Hein! plaît-il? le plus bête?

MORICAUD.

Elle te grugera... Elle te fera faire boulette sur boulette... Alors, regrettant ton argent, ta jeunesse envolée, tu te mordras les cinq doigts et le pouce, de t'être livré à l'amour de cet aspic.

MARJOLAINE, à part, avec colère.

Cet aspic!...

JEANNOT.

Cousin!...

MORICAUD.

Oui, c'est une coureuse, une noceuse, **une dévergondée.**

JEANNOT, avec colère.

Moricaud, tais-toi!

MORICAUD.

Une coquette, une sans cœur, une saltimbanque.

MARJOLAINE, avec force et à part.

Mais, qu'est-ce donc que ce sauvage-là?

JEANNOT, cherchant à se contenir.

Oh! tais-toi, Moricaud! tais-toi! n'agonis pas la sultane que j'adore.

MORICAUD.

L'adorer!... cette drôlesse!...

JEANNOT, furieux.

Cette drôlesse!... c'en est trop!... Et si tu n'étais pas mon germain...

MORICAUD, se croisant les bras.

Que ferais-tu?

JEANNOT.

Tiens, va-t'en, ça vaut mieux... car je sens le nez qui me picotte...

MORICAUD.

Eh bien, donc, je t'abandonne... va faire réveillon... va manger des ostendes, va... tu n'es qu'une huître!

JEANNOT, avec dignité.

Môsieu!... tout est rompu!... Sortez!...

MORICAUD.

Adieu!... (Il sort.)

SCÈNE V.

JEANNOT, MARJOLAINE.

JEANNOT.

Une huître!... Ah! j'étouffe!...

MARJOLAINE, sortant de derrière le paravent, et lui serrant la main.

En vous remerciant, vicomte!

JEANNOT.

Comment donc!... de rien... c'est la moindre des choses.

MARJOLAINE.

Vous m'avez défendue... c'est d'un chevalier français... (Avec agitation.) Ah! le brigand!... m'a-t-il habillée de taffetas à vingt-neuf sous!...

JEANNOT.

Et moi, donc... et moi!... (Marjolaine s'assied et écrit.) A qui
écrivez-vous?...

MARJOLAINE.

A... votre cousin, parbleu!

JEANNOT.

Ah bah! pour lui adresser un cartel?

MARJOLAINE.

Pour l'inviter à souper.

JEANNOT.

Lui?... Mais il refusera.

MARJOLAINE, haussant les épaules.

Cornichon!... il m'idole! (Ils sortent par une porte latérale.)

QUATRIÈME TABLEAU

Un salon chez Marjolaine.

—

SCÈNE PREMIÈRE.

JEANNOT, CHESTER, OSTEBAL, CHOKNOSOF, puis MARJO-
LAINE, BÉBÈTE, et ensuite TATA.

(Jeannot, Chester, Ostebal, Choknosof entrent d'abord. — Ils portent une table
toute servie.)

CHŒUR.

Air de J. MANGEANT.

Mettons-nous vite à table!
Quel repas délectable!
Chez cett' femme adorable,
Le médoc
N'est pas toc!

MARJOLAINE, entrant, suivie de Bébête. Elle a une tunique à la grecque.
Bonsoir, messeigneurs!

JEANNOT.

En tragédienne!... Ah! la fête est complète!... on se croi-
rait à l'Odéon!

MARJOLAINE.

Voici l'heure du coup de fourchette... Dis donc, Bébête, par
où donc est passée ta petite?

JEANNOT.

Ah! oui!... où donc est l'*infant?*

BÉBÊTE.

Elle est là, mais elle est trop sciante... faut pas la faire souper avec nous...

TOUS.

Si!... si!... (*Criant.*) Tata!... Tata!...

JEANNOT.

Un *infint* charmant... un amour d'*infint!*

MARJOLAINE.

Après ça... voyons... nous allons réveillonner... dire... des gaudrioles... Est-il convenable d'avoir avec nous une petite fille de quatre ans?...

CHESTER.

Oh! yès !... shoking!

JEANNOT.

Dame !... ça se fait au Vaudeville...

MARJOLAINE.

Faites entrer Tata!

TOUS, avec satisfaction.

Ah!

BÉBÊTE, allant à la porte.

Allons, arrivez, petite dinde!

TATA, entrant en sautant.

Me voilà!... me voilà! (Tata est représentée par madame Thierret, petit pantalon blanc, robe garnie de rubans bleus, cheveux frisés à l'enfant.)

JEANNOT, au public.

En v'là une rude enfant!... on peut piger avec le Vaudeville, hein?...

TATA.

J'ai été bien gentille... j'ai bien appris ma fable... Tu me donneras du champagne, pas vrai, petite-mère?

BÉBÊTE.

Du champagne! Taisez-vous, petite grue!...

TATA, pleurant.

Guan! guan!... je veux me griser, moi!.. je veux me flanquer mon petit plumet !

JEANNOT.

Ma petite, on ne dit pas se flanquer un plumet... Quand on est une petite fille bien élevée, on dit : avoir sa prune.

TATA.

Ah! moi, je suis une petite fille pour les gobichonnades... Je dis : « Se flanquer un plumet... » et aïe donc!...

JEANNOT.

V'là un enfant qu'est canaille!

MARJOLAINE.

A table!...

TOUS.

A table!...

ENSEMBLE.

Air du *Domino noir*.

Réveillon! (*bis*)
Vive la folie!
Et bravons (*bis*) le qu'en dira-t-on !
Un réveillon
Rend l'esprit follichon!

CHESTER.

Passez moà le boudin !

MARJOLAINE,   à Jeannot.

Ah çà! et votre cousin, M. Moricaud ?

JEANNOT.

Il ne viendra pas.

MARJOLAINE.

Il viendra ! — J'ai gardé sa place à côté de Tata... Ils tire-
ront des pétards ensemble...

TATA, sautillant sur sa chaise.

Quel bonheur !... je vais tirer des pétards !

BÉBÊTE.

Allons, ne remuez pas!.. (Tata remue toujours. — Sa chaise casse.
— Elle tombe par terre.)

TOUS.

Oh !...

JEANNOT.

C'est-y bête de conduire des enfants de c't âge-là dans les
soupers !...

BÉBÊTE.

Quel enfant assommant! Allons, restez tranquille! (Tata prend
une autre chaise et se rassied.)

JEANNOT, qui mange.

Vous voyez, l'heure passe... et Moricaud ne vient pas...

MARJOLAINE.

Il viendra !...

TOUS, criant et tapant sur la table avec leurs couteaux.

Il viendra ! Il ne viendra pas ! Il viendra ! Il ne viendra
pas !... (Moricaud paraît.)

TOUS.

Ah ! le voilà !

MARJOLAINE.

Attendez... je vais lui faire une rude entrée !

SCÈNE II.

LES MÊMES, MORICAUD.

MARJOLAINE, railleuse.

Hé ! dites-donc, mon petit père... (Le reconnaissant.) Ciel ! le
jeune homme à la toquante !...

MORICAUD, froid et digne.

Vous m'avez invité à casser une croûte, mademoiselle. — Me voilà. (Jeu de scène. — Moricaud et Jeannot font un mouvement de haine en se voyant; puis, ils se sourient, se donnent une poignée de main, et s'embrassent sur les deux joues.)

MORICAUD.

Noble cœur!

JEANNOT.

Belle âme!

TATA, riant.

Hi!... hi!... hi!... hi!...

BÉBÊTE, à Tata.

Veux-tu te taire, imbécile!...

MORICAUD, à Tata.

C'est votre maman, cette petite-là?

TATA.

Je le crois.

TOUS.

Comment?

TATA.

Dame! on n'est jamais sûr de ces choses-là! Les hommes sont si trompeurs!

BÉBÊTE.

Quelle cruche! (Elle jette un cri.) Ah!...

TOUS.

Quoi donc?

BÉBÊTE.

J'étouffe!... j'étrangle!

MORICAUD.

Ce n'est rien... Attendez!... (Montrant un bouchon de carafe.) Elle avait avalé le bouchon de la carafe.

MARJOLAINE.

Allons, messieurs... allons, soyez spirituels. — Comment, sarpejeu! je vous sers de la charcuterie variée, du médoc cachet vert... et vous êtes bêtes comme des oies.

CHESTER.

Oh! des oies, shoking!

MARJOLAINE.

Allons, de l'esprit, messieurs... A vous, vicomte!

JEANNOT.

Faut que je soie spirituel?

TOUS.

Oui!... oui!

JEANNOT.

Attendez... j'en ai une bonne... Savez-vous la différence qu'il y a entre une saucisse et un éléphant?

TOUS.

Non!

JEANNOT.

Eh bien! messieurs, elle est immense!... Chez tous les charcutiers, vous pouvez aller cueillir une saucisse pour deux sous, pas vrai?

TOUS.

Oui, oui...

JEANNOT.

Eh bien! Allez donc cueillir un éléphant... pour voir!... (Il se rassied.) Elle est rudement drôle, celle-là, hein?...

MARJOLAINE.

Vicomte, vous êtes stupide!

TATA, à Moricaud.

Monsieur, passe-moi la moutarde.

MORICAUD.

Voilà, cher ange!

MARJOLAINE.

Vous aimez les enfants, monsieur Moricaud?

JEANNOT, riant.

Oui, les enfants, et les tortues...

TOUS.

Les tortues?

MARJOLAINE.

Que signifie?

MORICAUD.

Cousin, je vous en prie...

MARJOLAINE.

Racontez, vicomte... je le veux...

TATA.

Oh! moi, j'aime pas les histoires... Je vais dormir.

MORICAUD.

Viens, mon enfant, tu seras mieux sur ce fauteuil... (A part.) Elle m'embêtait!

MARJOLAINE.

Allez, vicomte!

JEANNOT.

Voici la chose... Moricaud passe un jour devant Chabel et Potot... Il voit une tortue... il entre, et s'informe. — On lui apprend que cette tortue est orpheline... Qu'elle s'appelle Marguerite... Que, du reste, il peut se la procurer pour cinquante sous... Il l'achète, et l'adopte. — Il la mijote, il la dorlote... saperlotte! (On entend ronfler Tata.)

BÉBÊTE, la secouant.

Veux-tu te réveiller, tout de suite!

JEANNOT.

C'est-y bête de conduire des enfants de c't âge-là dans les soupers!

MORICAUD.

Mon cousin, vous ignorez la fin de ce drame...

MARJOLAINE, avec autorité.

Parlez, je le veux !

MORICAUD, dramatiquement.

Ma tortue tomba malade... la carapace était attaquée...
elle était *poitrinaire*!!... Je la conduisis à Aix-la-Chapelle.

MARJOLAINE.

Pourquoi ?

MORICAUD.

On n'a jamais pu le savoir. Un soir (Oh! quel souvenir!)
nous prenions l'air, ma tortue et moi... je tenais sa patte
dans la mienne... elle remuait sa petite tête. (Il imite la tortue.)
Oh! j'étais heureux!... j'étais bien heureux!... Tout à coup,
elle pousse un cri. On ne sait pas ce que c'est que le cri de
ces animaux-là... Je regarde... elle était nettoyée... *hor-*
ribe!... horribe!... (Il sanglote pendant le récit de Moricaud; tous les
convives ont tiré des foulards de couleurs variées. Ils se sont essuyé les
yeux. — Tata se jette sur Moricaud et l'enlève dans ses bras en le couvrant de
baisers.)

MORICAUD.

Aïe !... Elle me mord le doigt!

JEANNOT.

C'est-y bête de conduire des enfants de c't âge-là dans les
soupers !

MARJOLAINE, à part, regardand Moricaud.

Ce jeune homme a du cœur. (Haut.) La situation va devenir
risquée. — Emmenez l'enfant !...

TATA.

Non, je veux rester... na !

BÉBÊTE.

Veux-tu venir, vilaine mioche ! (Tata prend Bébête sous son bras
et sort avec elle.)

MARJOLAINE.

Messeigneurs, j'ai promis de faire un choix parmi vous.

TOUS.

Oui! oui!

MARJOLAINE.

Comme ça ne m'amuse pas... je pourrais m'empoisonner...
Voici le poison. (Elle fait passer la mort-aux-rats sur une assiette.)

TOUS.

Voyons! (Musique à l'orchestre.)

MARJOLAINE.

Mais ça nuirait à mon dénoûment... Rendez-moi mon assiette... Et maintenant, voyons quel est le plus digne de
moi?... Allons, messieurs, faites quelque chose... Ostebal,
Chester, Choenosof, enlevez les chaises, rangez la table, faites
le ménage !

JEANNOT.

Eh ben, et moi ?

MARJOLAINE.

Vicomte, j'ai votre affaire... (Lui montrant la chandelle.) Prenez
ce candélabre, et marchez devant moi.

JEANNOT.

O bonheur!

MARJOLAINE, à part, regardant Moricaud.

Il a pâli!... Qu'elle scène épatante pour le cinquième acte!
(Haut.) Allez-y, vicomte, je vous suis.

MORICAUD.

Horri*be*!... horri*be*!... (Jeannot sort à reculons, en tenant la chandelle. Marjolaine le suit.)

CHOCNOSOF.

Mais, c'est très-décolleté, ça !

CHESTER.

Oh! no!... Ça se faisait au Vaudeville.

OSTEBAL.

Alors, allons-nous-en!

CHESTER.

Allons-nous-en!

REPRISE DU PREMIER ENSEMBLE.

Otons vite la table !
Quel souper détestable !
Chez cett' femme adorable,
Le médoc
N'est pas toc !

(Ostebal et Choknosof emportent la table. — Chester emporte les chaises;
ils sortent par le fond. — A peine ont-ils disparu, que la porte de
droite s'ouvre, Jeannot reparait, tenant toujours la chandelle et mar-
chant à reculons, comme dans la mise en scène du Vaudeville.)

SCÈNE III,

JEANNOT, MARJOLAINE.

JEANNOT.

O bonheur!... (Marjolaine s'étend sur un sofa, il se met à genoux
devant elle.) Bonjour, ma petite femme!

MARJOLAINE.

Quel âge a-t-il donc, votre cousin?

JEANNOT.

Vingt ans... et pas de mac-farlane... Oh! je vous aime!...
V'là deux ans que je vous gobe!... Figurez-vous qu'un
jour...

MARJOLAINE, l'interrompant.

Il fait des vers, ce garçon-là?

JEANNOT.

Oui...pour un vaudevilliste qui vient de s'établir confiseur,
Figurez-vous qu'un jour.

MARJOLAINE.

Est-il vacciné?

JEANNOT, à part.

Est-ce qu'elle va me raser longtemps comme ça ! (Haut.)
Voulez-vous que j'aille vous le chercher?

MARJOLAINE.

Ça m'obligera.

JEANNOT, se coiffant avec dignité.

Oui, je vous ai bien gobée... Mais, vous savez... maintenant,
des artichaux. (Il sort.)

SCÈNE IV.

MARJOLAINE, puis MORICAUD.

MARJOLAINE, avec agitation.

Viendra-t-il? Non... Si... pourtant. (Tombant assise.) Oh!
pauv' femme, va! pauv' femme, va !... (Moricaud paraît.) Ah!
le vicomte n'a pas été long. (Haut.) Jeune homme, je vous
ai demandé... parce que... Est-ce que vous étiez couché?

MORICAUD, très-froid.

Oui... je lisais les Mémoires de Léotard...

MARJOLAINE.

Dites donc, vous connaissez les potins du quartier?

MORICAUD.

Je ne potine jamais!

MARJOLAINE.

On dit que je vous adore.

MORICAUD, froidement.

Bah !... Eh bien, qué que ça me fait?

MARJOLAINE.

Et vous le croyez?

MORICAUD.

Ma foi, non.

MARJOLAINE.

Ah çà! me prenez-vous pour une fichue bête? Allons, allons, vous vous êtes dit : « Une pareille conquête, ça aurait
du cachet... Mais comment faire?... Je suis pané, je suis vilain. » Car vous êtes vilain, mon petit... « Eh bien, essayons
de l'éreinter, cette femme... abîmons-la... débinons-la... aga-
çons-la... jusqu'au jour où elle se dira, entre deux bâille-
ments : Ah çà! qu'est-ce que c'est donc que cet animal-
là?... »

MORICAUD, impassible.

Si c'est pour me dire ça que vous m'empêchez de lire les
Mémoires de Léotard...

MARJOLAINE.

Moricaud, qu'avez-vous pensé le soir où vous m'avez rencontrée... le soir où j'allais au clou?

MORICAUD, impassible.

J'ai pensé que vous alliez accrocher quelque chose.

MARJOLAINE, se tordant les mains.

Eh bien, si les potins étaient vrais... si je vous aimais?

MORICAUD, secouant la tête.

Moi, pas confiance!

MARJOLAINE,

Quel intérêt aurais-je à mentir?

MORICAUD.

Je fais ma Sophie... ça vous monte la tête!

MARJOLAINE.

Mais si je me repentais?... si j'en avais assez de la valse à deux temps?... si j'en avais assez des soupirs des gandins? Que diriez-vous?

MORICAUD.

Parlez-vous sérieusement?

MARJOLAINE, avec passion.

Il le demande!

MORICAUD, avec chaleur.

Si je savais qu'il y eût dans Paris... ou même dans la banlieue... une femme qui eût fait des cascades... qui eût dansé des pas prohibés à la salle Barthélemy... qui eût passé des nuits au poste pour cris nocturnes... qui eût fait la noce, enfin!... Si cette femme me disait : « J'en ai assez... je peux vivre avec dix-sept sous par jour! » Cette femme, je l'épouserais dans une demi-heure, le temps de me faire la barbe et de prévenir ma famille!

MARJOLAINE, avec joie.

Ah!

MORICAUD.

Mais il n'y en a pas des femmes comme ça!

MARJOLAINE, avec force.

Si!

MORICAUD.

Non!

MARJOLAINE.

Si!

MORICAUD, reprenant son calme.

Moi, pas confiance!

MARJOLAINE, se tordant toujours les mains avec désespoir.

Mais quand je te dis que je t'aime!... Ah! que ne suis-je ta tortue!

MORICAUD.

Ne l'insultez pas, madame!... Elle était honorable!

MARJOLAINE, partant d'un éclat de rire.

Ah! ah! ah! c'est superbe! Allons, vous êtes un joli bonhomme! Passez-moi donc un brin d'eau, là-bas? (Moricaud lui verse un verre d'eau.)

MORICAUD.

Un brin d'eau?... Voilà !

MARJOLAINE.

Bien ! Retournez-vous !

MORICAUD.

C'est fait !

MARJOLAINE, à part. Elle verse le contenu de l'assiette dans le verre.

Ça y est!... (Haut.) Voulez-vous boire ?

MORICAUD, froidement.

Ça va !

MARJOLAINE.

Eh non ! c'est pour la petite Jojo... (Elle boit. Moricaud lui prend la main, et la regarde dans les yeux.)

MARJOLAINE, avec égarement.

C'est la mort-aux-rats... Me crois-tu maintenant, idiot?

MORICAUD.

Non... c'est la vie !

MARJOLAINE.

Que dis-tu ?

MORICAUD.

Cherche... cherche... quelque chose de vieux dont on ne veuille plus à l'Ambigu...

MARJOLAINE.

Quoi?...

MORICAUD.

Dont on ne veuille plus à la Gaîté !

MARJOLAINE.

Quoi ?

MORICAUD.

Dont on ne veuille plus à la Porte-Saint-Martin.

MARJOLAINE.

Quoi? quoi? quoi?

MORICAUD.

J'ai escamoté le poison.

MARJOLAINE, délirante.

Et je ne l'ai pas vu!... Mais tu es donc Robert-Houdin?...

MORICAUD.

Non.

MARJOLAINE.

Bosco ?

MORICAUD.

Non.

MARJOLAINE.

M. Hamilton ?

MORICAUD.

Non.

MARJOLAINE.

Alfred de Gaston ?

MORICAUD.

Non.

MARJOLAINE.

Paulin Ménier?

MORICAUD, imitation.

Eh bien, oui!... c'est moi qui suis l'Escamoteur!... (Voix naturelle.) Ou plutôt je suis Moricaud... et je t'aime! je t'aime !

MARJOLAINE, tombant à genoux.

Ah !... je suis pincée !... je crois au pot-au-feu !

SCÈNE V.

LES MÊMES, TOUS LES PERSONNAGES DE LA PIÈCE.

TOUS, entrant.

Air du *Sultan Mustapha*.

Tra, la, la, la, la !
Nous revoilà !
Car ça ne peut pas finir comm' ça.
Egayons ce dénoûment-là
Par l'air du sultan Mustapha.

CHOKNOSOF.

L'Vaudeville, après la *Tentation*, } bis.
Avait besoin d'un' rédemption.
On prétend que cett' pièce-là
Vaut encor mieux que Dalila.
Tra, la, la, la !
TOUS.
Tra, la, la, la !

CHESTER.

L' *Concert Musard*, pour être' moral, } bis.
Chassa les bich's de son local ;
Personn' n'y v'nait, mais, tout pesé,
Comme c'était bien composé!
Tra, la, la, la !

PRIEUR.

L'Opéra-Comiqu', juste ciel! } bis.
Reprend *le Pardon d' Ploërmel*.
Il peut l' reprendr' tant qu'il voudra,
Ce n'est pas moi qu'on y r'prendra.
Tra la, la, la !

MORICAUD.

C't été, le théâtr' Saint-Martin } *bis.*
De sa salle fit un jardin.
Ceux qui s' trouvaient près du bassin
En voyant l' dram' prenaient un bain.
Tra la, la, la !

TATA.

En r'venant du Tir national, } *bis.*
Où le zouave n'a pas d'égal,
Maman m' propose un beau joujou ;
Je répondis : J' veux un zou-zou.
Tra la, la, la !

GATEUS.

Cet été, tous les jours il plut ; } *bis.*
Ce temps, à la fin, me déplut.
Il plut, il plut, puis il replut,
Il n'eût plus plu qu'il eût moins plu.
Tra la, la, la !

JEANNOT.

Au Cirqu', le fameux Léotard } *bis.*
N' voulait pas s' mettre en écuyer ;
Comme il a perdu son procès,
Faut qu'il fass' comm' ses camarades.
Tra la, la, la!

MARJOLAINE, au public.

Rédemption, c'est p't-être ennuyeux, } *bis.*
Mais le livre vaut cent fois mieux ;
Or, si ce livre est beau, bien fait,
Ne déchirons pas le feuillet.
Tra la, la, la ! (*bis*)
En faveur du livre, oui-da,
Tra la, la, la, la! (*bis*)
Pardonnons à ce drame-là.

TOUS.

Tra la, la, la!

FIN

LAGNY. — Typographie de A. VARIGAULT et Cie.